文薈本邊中
谷他心遠月為形宗祖藏恭
縣雲南省西雙版納春萃自

[illegible]

[illegible]

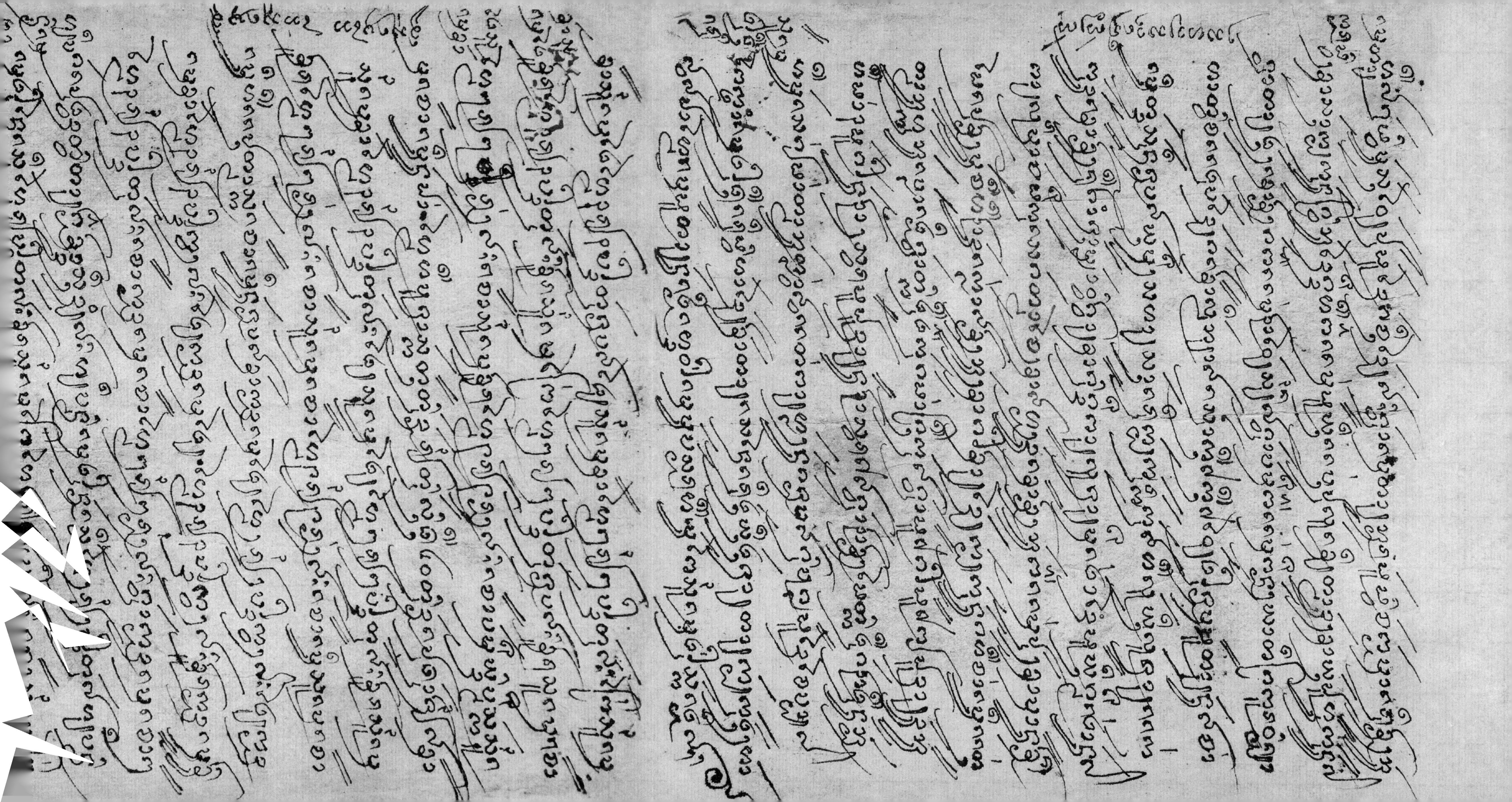

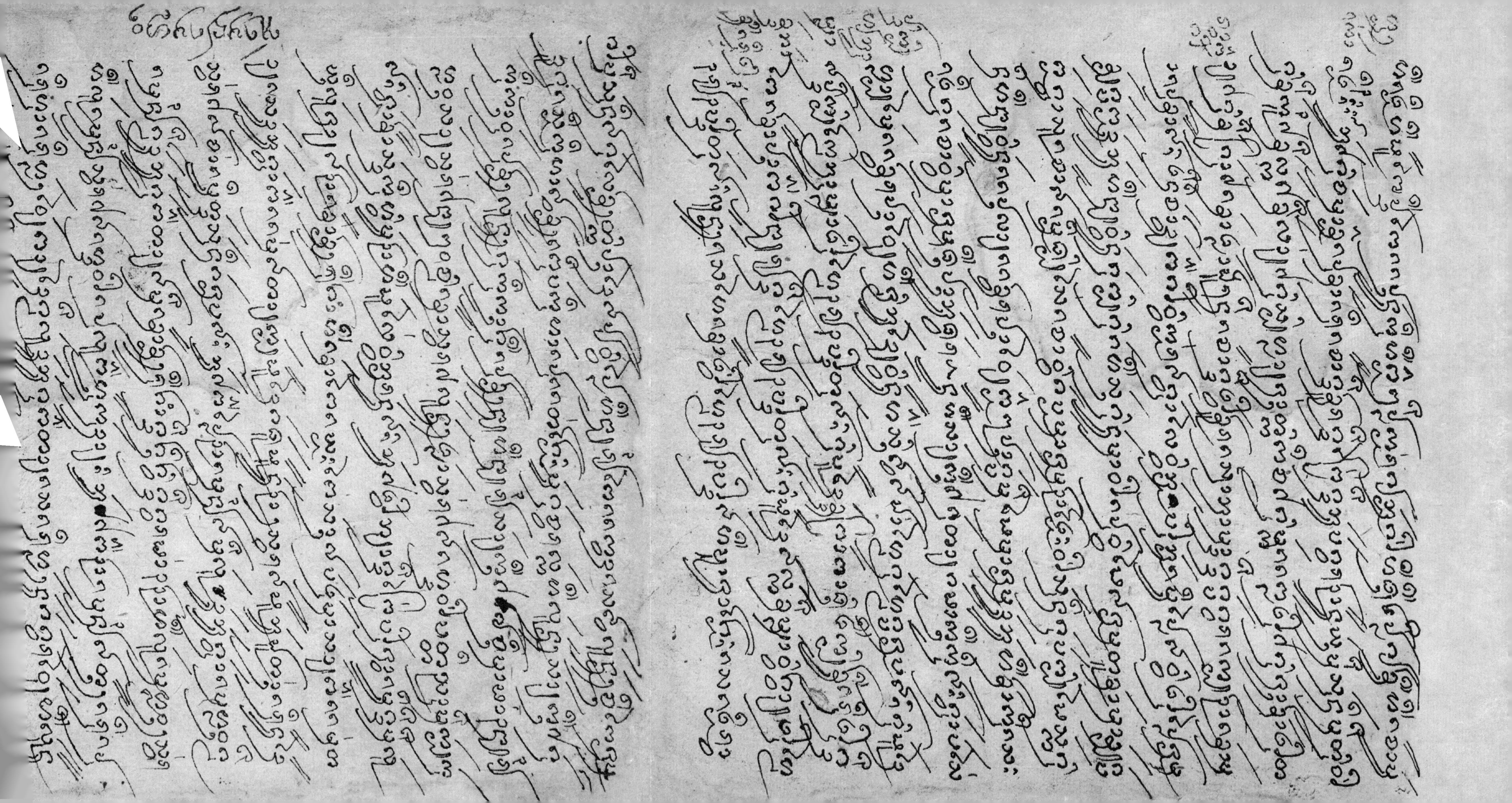

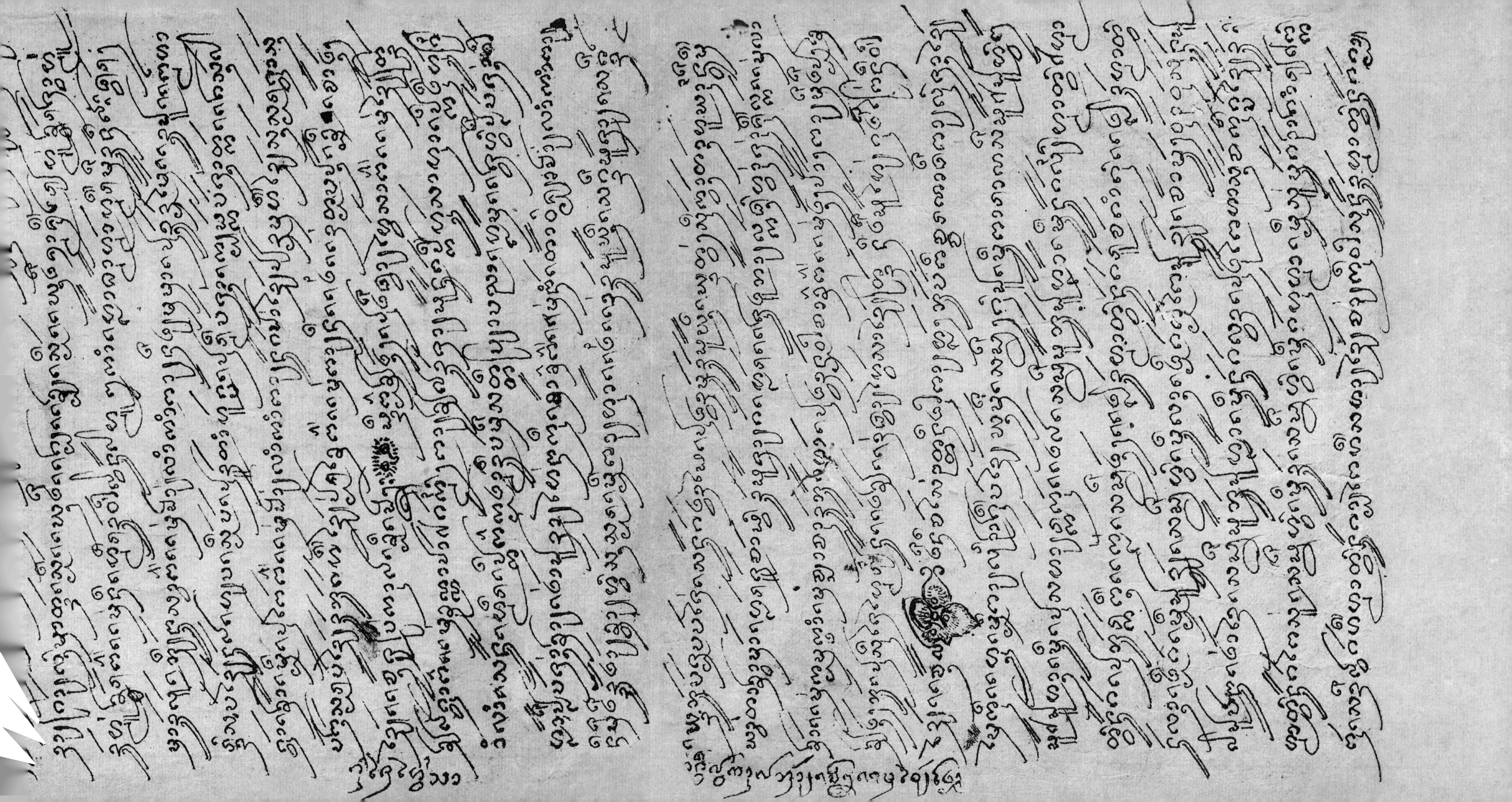

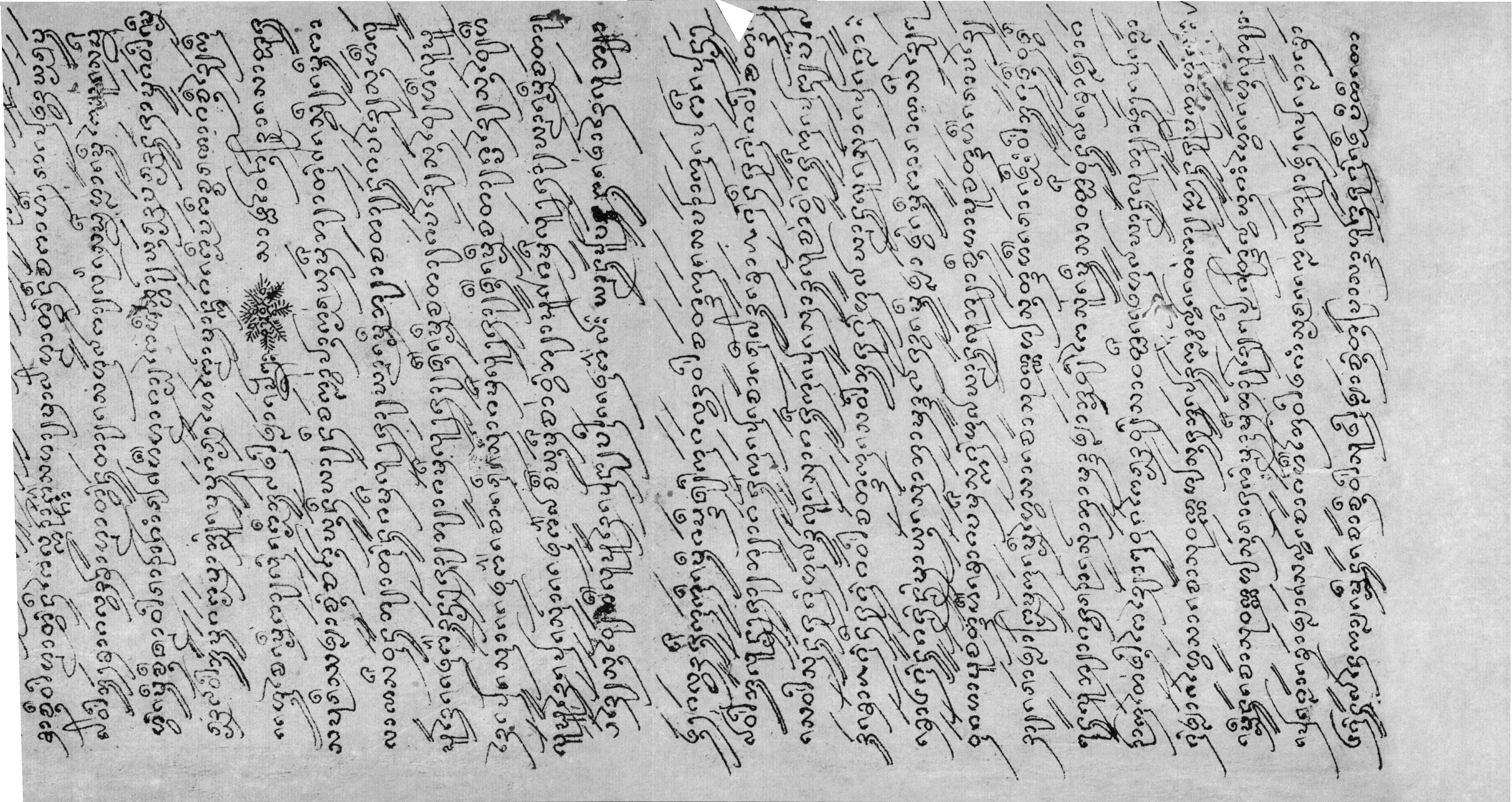

[illegible]

書名　領主法典（一函一冊）

出版　國家圖書館出版社（原北京圖書館出版社）
　　　100034 北京市西城區文津街七號）
發行　Tel:(010)66114536　Fax:(010)66121706
　　　E-mail:Btsfxb@nlc.gov.cn（郵購）
印刷　杭州富陽正大彩印有限公司

開本　六
印張　一五
版次　二〇一四年八月第一版第一次印刷
印數　一—二〇〇

書號　ISBN 978-7-5013-5268-5
定價　一〇五〇圓

[illegible]